1904 - Mai 5

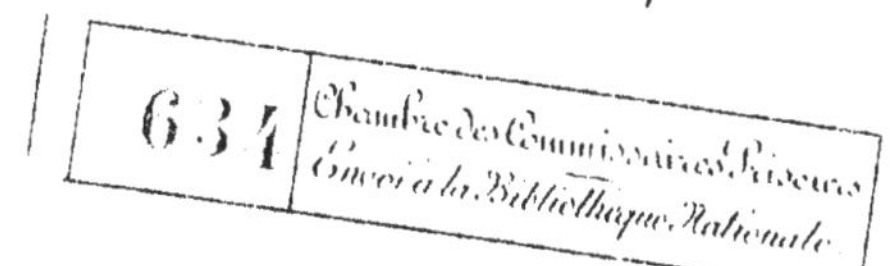

VENTE
du Jeudi 5 Mai 1904
HOTEL DROUOT
Salle n° 8
à deux heures 1/4

Tableaux

AQUARELLES, PASTELS

Dessins originaux

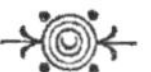

COMMISSAIRE-PRISEUR
Mᵉ LAIR-DUBREUIL
EXPERT
M. R. DUPLAN

Imprimerie
C. Chaufour
8-10, rue Milton
Paris

CATALOGUE

DES

TABLEAUX

Aquarelles, Pastels

DESSINS ORIGINAUX

PAR

Avril, Bac, Balestrieri, Bourgain, Cain (G.), Calbet, Chapperon, Desrousseaux, Detti, Doës, Fabbi, Feure (de), Girardet (J.), Guillaume (A.), Helleu, Hernandez, Jeanniot, Job, Kauffmann, Kowalsky, Lançon, Malischeff, Marchetti, Mas, Métivet, Moreau (A.), Moreau (J.), Orazi, Pille, Robert Fleury (Tony), Rossi, Sahib, Sala, Tofano, Torrès-Y-Marcillo, Trayer, Vallet, Vimar, Wagrez, Willems, etc.

DONT LA VENTE AURA LIEU

HOTEL DROUOT — SALLE N° 8

Le Jeudi 5 Mai 1904, à 2 heures 1/4

Me F. LAIR-DUBREUIL	**M. R. DUPLAN**
COMMISSAIRE-PRISEUR	EXPERT
6, *Rue de Hanovre,* 6	*10, rue Rossini, 10*

Chez lesquels se trouve le présent catalogue

EXPOSITION PUBLIQUE

Le Mercredi 4 Mai 1904, de 1 heure 1/2 à 5 heures 1/2

CONDITIONS DE LA VENTE

Elle aura lieu au comptant.

Les acquéreurs paieront dix pour cent en sus des adjudications.

Les Tableaux, Aquarelles, Pasteis et Dessins compris au présent catalogue sont vendus **sans aucun droit de reproduction.**

Paris. — Imp. C. Chautour, 8-10, rue Milton

TABLEAUX

BALESTRIERI

1 — La vie de Bohême.

2 — La vie de Bohême.

BARRAU

3 — Les Laveuses.

BOURGAIN

4 — A la Coupée.

CAIN (G.)

5 — **Hésitation.**

CALBET

6 — Le Printemps.

7 — L'Été.

8 — L'Automne.

9 — L'Hiver.

GELHAN

10 — Premier Chagrin.

GORGUET

11 — La nuit de Noël.

GUILLONET

12 — Les Quatre saisons.

HELLEU

13 — La Femme à l'ombrelle.

14 — Yacht pavoisé.

HERNANDEZ

15 — La Marchande de confettis.

LAHALLE

16 — La Garde du Drapeau.

MONGE

17 — A la cantine.

MOREAU (A.)

18 — Le menton dans les doigts.

19 — Les Lèvres de Claude.

20 — Le Secret de Lilette.

21 — Sur l'échelle.

22 — A Villers-sur-Mer.

23 — Pêcheuse de crevettes.

MOREAU (J.)

24 — Quelle chaleur!

ROBERT-FLEURY (TONY)

25 — La Femme au livre.

26 — Tête de femme.

ROSSI

27 — La Fée des Neiges.

ROUX

28 — Dans le grand salon.

29 — Auprès de la fontaine.

30 — Est-il assez beau notre pays !

SALA (G.)

31 — La Rupture.

32 — Aux Tuileries.

TOFANO

33 — La Rose.

TORRÈS Y MARCILLO

34 — L'Ecrivain public.

VALLET (F.)

35 — La Galette des Rois.

WAGREZ

36 — A Venise.

WILLEMS

37 — La Vengeance.

38 — L'Auberge.

39 — L'Arrivée.

40 — Le Gibet.

41 — Les Loups.

AQUARELLES

✢

AVRIL (G.)

42 — Le Roi et la Fée.

43 — La Reine et le Berger.

BARRAU

44 — Bouquetière aux Champs-Elysées.

45 — Sortie de bal.

CRAMPEL (Mme)

46 — La belle Princesse.

DAMPIER (May)

47 — Les Colombes.

DESROUSSEAUX (L.)

48 — La Source.

49 — Fin de la source.

50 — L'offrande.

DETTI

51 — Femmes en soirée.

52 — Femmes en soirée.

FABBI

53 — Danse du voile.

54 — Danse du ventre.

FEURE (de)

55 — Tête de jeune femme blonde.

56 — Tête de jeune femme brune.

GAREN

57 — Chateau d'eau illuminé (Exposition 1900).

58 — Panorama du palais de Suède (Exposition 1900).

59 — La Salle des Fêtes (Exposition 1900).

GIRARDET (J.)

60 — Sur le pont.

61 — Causerie.

62 — Les Adieux.

JEANNIOT

63 — Elle recommande son frère...

64 — Ils gravissaient les pentes .

KAUFFMANN

65 — La Danse sous Louis XIII.

66 — La Danse sous Louis XIV.

67 — La Danse sous Louis XV.

68 — La Danse moderne.

KOWALSKY

69 — Il permettait aux oiseaux...

70 — La statue émit des petites branches...

71 — Endroit ou vint Endémon.

72 — Il avait glissé l'anneau...

73 — Athènes et l'Acropole.

74 — Les fouilles de Delphes.

75 — Le Figuier.

76 — La descente.

77 — Rose de Tlemcen.

78 — Rose de Tlemcen.

79 — Sur le bateau.

KOWALSKY

80 — Roses de Tlemcen, les hirondelles.

81 — Roses de Tlemcen, les funérailles.

82 — Une pierre qui se trouva...

LAURENS (P.-A.)

83 — Anne de Chypre.

84 — On se reposait.....

85 — Compay humblement incliné...

86 — Les serviteurs alignés.....

MALISCHEFF

87 — Poste de cosaques.

88 — Le Tsar.

89 — Types de cosaques.

MARCHETTI

90 — Rendez-vous de chasse.

91 — Devant les tribunes.

92 — La rencontre.

MAS

93 — Le Petit Palais.

94 — Le Grand Palais.

MÉTIVET (L.)

95 — Au pied du manoir.

96 — Le couple ennemi.

97 — D'abord, elle le présente...

98 — Le vieillard se tut, atterré...

99 — La Charité.

ORAZI

100 — Le Départ des cygognes.

PARIS (A.)

101 — Bouriquot et pin.

102 — Arabes et chameaux.

103 — J'ai noté au passage...

104 — On vit une lueur intense..

105 — Une trentaine de bâtiments...

106 — Chacun de nous devient...

107 — Une salle de spectacle.

108 — Penhoat arrive enfin...

PILLE (M.)

109 — Dans le défilé.

110 — Dans la neige.

ROSSERT

111 — Femme assise dans un jardin.

ROSSI

112 — Un jeune homme s'était élancé...

113 — Je n'ai plus besoin de vous.

114 — Devant l'hôtel.

SACCAGGI

115 — Danse romaine.

116 — Musique sur la terrasse.

117 — Carnaval à Venise.

SAULRÉ

118 — La ronde.

TRAYER

119 — Fillettes bretonnes.

VALLET

120 — Le cheval et la voiture au xviiie siècle.

121 — Le cheval et la voiture au xviiie siècle.

122 — Le cheval et la voiture sous L. XV.

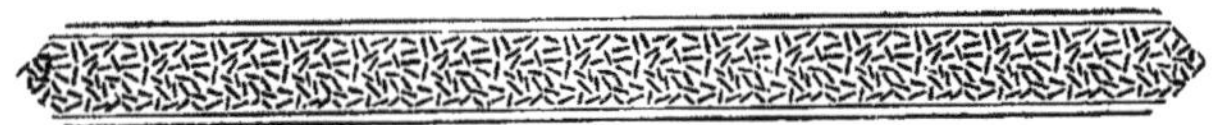

PASTELS ET DESSINS

BAC

123 — L'Hôtel de la Brigade.

Deux dessins dans un même cadre.

124 — L'Hôtel de la Brigade.

125 — Croquis divers.

126 — Croquis divers.

BLUE

127 — Rira bien qui rira le dernier.

Six dessins dans un même cadre.

CHAPPERON (E.)

128 — Les Vieux grognards.

129 — L'Ile d'Elbe.

130 — Le Baptême.

DOËS

131 — Après le Grand Prix.

Deux dessins dans un cadre.

132 — Après le Grand Prix.

GIRARDET

133 — La Maison d'Offandi Pacha.

GUILLAUME (A.)

134 — L'Indonchine.

Dix dessins dans un cadre.

HELLEU

135 — Femme debout.

Pastel.

136 — Endormie.

Pastel.

137 — Jeune garçon écrivant sur un yacht

Pastel.

138 — Femme s'abritant de son ombrelle sur le pont d'un yacht.

Pastel.

HELLEU

139 — Petit garçon ramant.

Pastel.

140 — Tête de femme.

Pastel.

JOB

141 — Au violon.

142 — Le Réveil de Gofart.

143 — Gofart et la sentinelle.

KOWALSKY

144 — Métropolitain.

145 — Le Star restaurant.

146 — La Poissonnière.

147 — Les sept petites filles.

148 — L'Orchestre.

149 — Arrivée au Home.

150 — Reine.

LANÇON (M.).

151 — Tête de femme.

Pastel.

MALISCHEFF

152 — Types de cosaques.

PARIS (A.).

153 — Les Troupeaux allaient.....

PILLE (M.).

154 — Le Retour.

SAHIB

155 — Toast à bord du « Pothuau ».

TRIANON

156 — Dix croquis divers.

157 — Neuf croquis divers.

158 — Dix croquis, avril 1897.

159 — Dix croquis divers.

160 — Neuf croquis, février 1897.

161 — Six croquis, septembre 1897.

162 — Six croquis divers.

163 — Six croquis divers.

164 — Six croquis divers.

165 — Croquis, janvier 1897.

TRIANON

166 — Croquis, août 1897.

167 — Croquis, juillet 1897.

168 — Croquis, juillet 1897.

169 — Croquis, juin 1897.

170 — Croquis, mai 1897.

171 — Croquis, juin 1897.

VALLET

172 — Le Cheval et la voiture, sous Louis XV.

173 — Cheval et voiture XVIIIe siècle.

VIMAR

174 — Riquet à la Houpe.

Huit dessins dans un seul cadre.

175 — Tel est pris qui croyait prendre.

Neuf dessins dans un seul cadre.

176 — Pêle-Mêle.

177 — Mail-Coach.

www.ingramcontent.com/pod-product-compliance
Ingram Content Group UK Ltd.
Pitfield, Milton Keynes, MK11 3LW, UK
UKHW022153260726
13993UKWH00005B/2348

9 782329 604695